FACULTÉ DE DROIT DE PARIS.

THÈSE

POUR LA LICENCE

SOUTENUE

PAR

Jean-Marie LE HUÉROU.

PARIS.

CHARLES DE MOURGUES FRÈRES, SUCCESSEURS DE VINCHON,

Imprimeurs de la Faculté de Droit,

RUE J.-J. ROUSSEAU, 8.

1860.

FACULTÉ DE DROIT DE PARIS.

THÈSE
POUR LA LICENCE.

L'acte public sur les matières ci-après sera soutenu,
le mardi 21 août 1860, à midi,

Par JEAN-MARIE LE HUËROU, né à Plouëc
(Côtes-du-Nord).

Président : M. VUATRIN, professeur.

Suffragants : { MM. ROYER-COLLARD,
GIRAUD,
DURANTON,
DEMANGEAT,
} Professeurs.
Suppléant.

*Le Candidat répondra en outre aux questions qui lui seront faites
sur les autres matières de l'enseignement.*

PARIS,

CHARLES DE MOURGUES FRÈRES, SUCCESSEURS DE VINCHON

IMPRIMEURS DE LA FACULTÉ DE DROIT DE PARIS,

Rue Jean-Jacques Rousseau, 8.

1860.

A MON PÈRE, A MA MÈRE.

A MON FRÈRE, A MA SOEUR.

A la mémoire de mon oncle Julien LE HUËROU.

A MON ONCLE YVES LE HUËROU.

A TOUS MES AMIS.

JUS ROMANUM.

———◦◦◦———

I.

DE DOTE PRÆLEGATA.
(Dig., lib. xxxiii, tit. 4.)

Tres sunt legati dotis species : dos a marito
uxori prælegata ; dos a mariti patre, qui eam
jure potestatis acquisivit, nurui suæ aut filio
suo relicta ; dos denique a patre mulieris, dotis debitore, legata marito aut filiæ.

I. *De dote a marito uxori prælegata.*

Hoc primum dotis legatum in duas species

deduci potest : dicitur enim *relegata* aut *prœ-legata*. Relegata dicitur, quoniam reddi potius quam dari videtur; prœlegata autem, quia quum pure legatur et prœsenti die solvenda, ante eam recipit mulier quam ab herede resti-tuenda venisset in actione de dote.

In duabus regulis complectanda est dotis relegatio :

Prima regula. — Cum dos relegatur, verum est id dotis legato inesse, quod actioni de dote inerat.

Si dotem promissam, nec solutam, decedens maritus uxori prœlegaverit, mulier nihil am-plius quam liberationem habebit : nam nihil amplius consequeretur actione de dote.

Sed et si mancipia fuerint in dote non œsti-mata, et hæc demortua sint, legatum dotis in his evanescit : debitor enim corporis certi, interitu ejus liberatur.

Denique si nulla in dotis legato exstant cor-pora, constat nil deberi. Secus, si fuissent œsti-mata corpora, vir pretii debitor remaneret.

Secunda regula. — Dotis relegatio ita valet, si ipsi uxori cui dos relegatur, actio de dote competit.

Quodam exemplo hoc demonstrare experiar. Maritus, qui dotem a matre uxoris acceperat, et stipulanti ei promiserat, testamento uxori

dotem legavit. Respondit Scœvola : non videri
dari uxori quod necesse sit matri reddi, nisi
manifesto uxor docuisset eam testantis voluntatem fuisse, ut onerare heredes duplici præstatione dotis vellet.

Si legatum dotis uxori relictum non valet,
nisi ipsi uxori actio de dote competat, nec
aliud hinc legato inest quam quod actioni de
dote, quodnam igitur est dotis relegatæ commodum? Non modica tamen sunt dotis prælе-
gatæ commoda. Dos enim legata, statim resti-
tui debet, repræsentationis causa, quæ alioquin
annua, bima, trima die præstaretur. Est et
aliud commodum, quod ob res donatas nulla
fit retentio, si modo voluntatem non mutavit
testator. Rescripsit enim Divus Severus : « fas
esse eum quidem qui donavit pœnitere ; heredem vero eripere forsitan adversus voluntatem
supremam ejus qui donavit, durum et avarum
esse. »

Superest aliquid de impensis dicere. Quum
d‚   impensas necessarias ipso jure minor
f   potest mulier ex legato dotis plus
c‚   equi quam quod, his deductis, superest ;
quia legatum dotis nil aliud continet, nisi quod
est in dote. At quum impensæ sunt duntaxat
utiles, dos per eos non minuitur, sed tantum
exceptione opposita, possunt deduci. Mulier
ergo totam dotem ex legato obtinebit ; nam

exceptionem de his impensis heres opponere poterit, quia vir, legando dotem, eas remisisse videtur. Hæc imminutio non ad singula corpora, sed ad dotis universitatem erit referenda. Item quod dicimus, non deduci impensas utiles, sic accipiendum, quum tantum ab ipso viro, vel ab ipso debitore dotis dos regulatur. Aliud autem servandum, si ab extraneo dos legatur. Ratio talis disparitatis esse videtur quod quum vir dotem legat, censetur tacite remittere jus quod habet retinendi aliquid ex dote per exceptionem propter impensas utiles. Idem dici non potest quum extraneus legat; neque enim potest remittere quod non sibi, sed viro debetur.

A relegatione dotis differt legatum certæ rei aut pecuniæ pro dote relictum. Hoc enim debetur, quamvis dos ad maritum non pervenerit.

Item debetur quantitas legata, etiam minus, immo etsi nihil in dote fuerit. Falsa enim demonstratio non vitiat aut minuit legatum.

Rerum dotalium interitu non minuitur dotis legatum. Cæterum, quæque fuerit, servanda erit mariti voluntas. Quocirca, si ex legato constat corpora dotalia in specie restituenda, quamvis æstimata in dotem vir accepisset, hoc tale erit agendum.

II. *De dote a mariti patre, qui eam jure potestatis acquisivit, nurui aut filio suo relicta.*

Tale legatum duobus modis fieri potest :

1° Socer, qui per filium quem in potestate habet, dotem nurus suæ quæsivit, eam nurui suæ relegat.

Si quidem jus actionis de dote voluit relegare, nullius momenti est legatum, quippe nupta est. Porro quandiu nupta est, quandiu stat matrimonium, nullum adhuc jus actionis de dote existit, quum hæc actio soluto demum matrimonio nascatur. Sed si voluit eam recipere dotalem pecuniam, utile erit legatum. Si tamen hæc dotem reciperit, nihilominus maritus dotis persecutionem habebit, sive heres institutus esset, familiæ erciscundæ judicio, sive exheredatus esset, actione familiæ erciscundæ utili. Ego puto, ut ait Celsus, quoniam non hoc voluit socer, ut bis dotem heres præstaret, et mulierem agentem ex testamento actione cavere debere defensu iri heredem adversus maritum. Ergo et pariter maritus idem debebit cavere adversus mulierem defensu iri, si prior agat.

2° Pater filio suo dotem nurus suæ, quam per filium acquisivit, legat.

Si proponas filium exheredatum, cui pater dotem nurus suæ legavit, non poterit mulier adversus maritum de dote agere. Non enim ipse dotis debitor est, sed heredes patris qui dotem accepit. Verumtamen dotem persequens, cavendus erit heres adversus mulierem defensum iri; sin autem pro parte scriptus fuerit, cautio pro partibus coheredum tantummodo erit adhibenda.

De lege Falcidia aliquod hic notandum est. Si locum in legato dotis adversus filium exheredatum habuerit, et mulier solutionem ab herede præstitam ratam habuerit, propter eam quantitatem quam heres retinuerit, utilis actio dotis ei dabitur. Quod si ratum non habeat, defendi quidem debebit heres a viro qui se defensurum promisit; sed si totam litem vir solus subierit, actio judicati, si cautum non erit, id est si vir non caverit mulieri judicatum solvi, pro ea quantitate quæ jure Falcidiæ petenda est, adversus heredem dabitur.

Cautione forte defensionis per errorem omissa, heres solutum fideicommissum ab herede repetere non poterit : cautionis enim necessitas præstandæ solutionem moratur, sed non indebitum facit quod jure fuit debitum. Æquum tamen erit heredi subvenire, per actionem utilem, perinde ac si reve ilius heredi cavisset de eo defendendo.

Si heres inops factus est, juste mulieri con-
cedebitur adversus virum utilis actio dotalis.
Iniquum enim visum est mulieris dotem perire,
quia non interposuit per errorem heres cau-
tionem. Cæterum, quum adjecta est cautio,
potest heres saltem mulieri actionem ex hac
cautione cedere.

Quid, si soluto jam matrimonio, dotem filio
socer legavit? Utile hoc erit legatum, propter
commodum repræsentationis, ut ait Papinianus, et poterit filius illud statim exigere, qu a-
vis mulier, repudio misso, dotem petere on
possit, nisi annua, bima, trima die, si in rebus
fungibilibus consistat. Quod enim dictum est filio
dotem solvendam esse, iisdem diebus quibus
mulieri restituenda esset, pertinet ad eumdem
casum, quo patri pro parte heres exstitit, et
ad præceptionem dotis, soluto matrimonio,
postquam heres exstitit, admissus est. Cæterum, nihil evidentius, constante matrimonio,
filium statim eam præcipere debere, propter
onera matrimonii quæ sustinet.

III. *De dote a patre mulieris, dotis debitore,*
marito aut filiæ legata.

Quum pater dotem pro filio promittit, et dotem legat, si quidem marito legavit, non valet

hoc legatum. Nam quum creditori debitor legat id quod debet, inutile est legatum, si nihil plus est in legato quam in debito, quia nil amplius habet per legatum. Quod si filiæ legavit, valet legatum : dos enim ex promissione marito debetur, legatum filiæ. Et si quidem hoc animo testatorem esse filia ostenderit, ut duplicaret legatum, habebit utrumque : dotem quam maritus persecutus fuerit, et legatum ex causa legati. Quod si alterutrum voluerit habere, si mulier legatum petat, opposita doli exceptione, non alias cogetur heres legatum solvere, quam si caverit indemnem hoc nomine heredem futurum adversus maritum ex promissione agentem. Sed si prior maritus agat, nihil de indemnitate eum cavere oportebit. Mulier enim post eum agens, exceptione repellitur, quia semel dos præstita est.

Nunc si proponitur legatum quo pater, qui dotem profectitiam filiæ citra ejus consensum soluto matrimonio exegit, fideicommissum pro hac dote ei legavit, respondit Modestinus : indubium videri non esse consumptam de dote actionem mulieri, quum patri suo non consensuerit. Sic autem res est habenda, ut, si quidem major quantitas in priore dote fuit, illius petitione sit tantummodo mulier contenta; quod si in summa dotis nomine legata amplius sit quam in dote principali, compensatio fit usque ad eamdem summam quæ concurrit ; et id tantum quod excedit in sequenti summa, ex testamento consequatur. Nam si mulier fideicommissum integrum perciperet, et præterea dotem a viro exigeret, heres patris duplici præstatione oneraretur. Vir enim a quo dotem mulier exigeret, regressum haberet adversus heredem patris cui dotem solvit. Porro, talem non verisimile est fuisse patris voluntatem.

II.

DE OPTIONE VEL ELECTIONE LEGATA.
(Dig., lib. xxxiii, tit. 5.)

Tria in hoc titulo diversæ naturæ legata expenduntur : legatum optionis seu electionis, legatum generis et legatum alternativum.

I. *De legato optionis seu electionis.*

Legatur optio seu electio, quum nominatim optio ipsa seu electio rerum ex universo aliquo genere eligendarum reliquitur. Id relictum esse videtur, quod demum electum fuerit. Hoc legati genus, ex jure Pandectarum, hanc conditionem tacite continebat, si optaverit is in

quem optio collata est. Quare dies ejus non ce-
debat nisi ex quo facta erat optio ; sed poterat
interim agere legatarius ut sibi exhiberetur.

Justinianus autem, ex constitutione, hoc ad
meliorem conditionem reduxit. Dedit licentiam
et heredi legatarii optandi, etsi vivus legatarius
hoc non fecisset ; dein, sive plures legatarii
quibus optio relicta fuerat et dissentientes in
corpore eligendo, sive unius legatarii plures
heredes et inter se dissentientes circa optan-
dum, alio aliud corpus cupiente, exstarent, ne
periret legatum, fortunam hujus optionis judi-
cem futuram jussit imperator. Sic adhibuit, ut,
ad quem sors perveniret, illius sententia in optione præcelleret, cæterisque æstimationem
contingentium eis partium præstaret. Denique
voluit diem statim à morte testatoris cedere, perinde ac cætera legata quæ pure relinquuntur.

Quid sit optio ? — Optio est actus legitimus
qui peragitur ab eo in quem collata est præ-
sente herede et exhibente res ejus generis cujus optio legata est. Hinc sequitur optione legata non posse ante aditam hereditatem optari,
et nihil agi, si optaretur. Si unus legatarius sit
cui optio sit legata, res in promptu est; si pluri-
bus legata est, debent omnes in electione con-
sentire, sive simul, sive diversis temporibus.
Quod si dissentient legatarii, vidimus quodammodo Justinianus controversiam diremit.

Quot et quas res legatarius eligere possit?
Divus Pius Cæcilio Proculo rescripsit eum cui
servorum legata sit optio, tres posse eligere.
Plures autem vel pauciores eliget, si numerum
expressit testator; ex his tamen rebus eliget
quos testator tempore mortis habuit. Ex servis
potest eligi etiam is quem heres manumisit;
sed si manumissum non eligit legatarius, liber
manet. Si jam alio legatum servum eligit optionis legatarius, concurrent in dominio hujus
servi et legatarius rei et legatarius optionis.
Attamen non potest eligi ille servus cui testator, libertatem quamvis sub conditione, reliquit, nisi jam defecerit hujus libertatis conditio
ante aditam hereditatem; item de quo intersit
quæstionem haberi.

Consumitur autem optandi facultas semel
facta. Scripsit enim Paulus : « Servi electione
legata, semel duntaxat optare possumus ». Hoc
alio commune omnibus actibus legitimis, ut
non sit in his pœnitentiæ locus. Nihilominus
ab herede præstanda sunt omnia quæ eligi
possunt, et a legatario eligenda sola quarum
ei optio datur.

Consumitur et etiam lapsu temporis quod
statuerit ad eligendum prætor. Ita demum autem hujus temporis lapsus electionem consu-
mit, si res desierit esse integra. Tempus optionis præfinitur a prætorio, non solum herede

vel hereditatis emptore, sed quovis cujus inte-
rest postulante.

II. *De legato generis.*

Legatum generis illud est quo res alicujus
generis, nulla certa determinata specie, relin-
quitur. Differt a legato optionis seu electionis
quod, jure Pandectarum, in se conditionem
optandi, propter verba quæ huic legato adde-
bantur, quem optaverit, aut similia : legatum
autem generis purum est.

Adnotat ita Paulus : « Legatum, nisi certæ
rei sit, et ad certam personam deferatur, nullius est momenti ».

Genere legato, cujus sit optio ? Si per vindicationem relictum sit, legatarii est electio ; si
per damnationem, heredis. Hoc animadvertere
oportet : rei vindicatione aut ex testamento
per vindicationem legatarium, per damnationem autem solummodo ex testamento agere
posse. Si plures sint heredes per damnationem
in legato, quæritur quid juris sit circa præsta-
tionem legati generis ab ipsis relicti ? Hoc casu,
servo generaliter legato, verius est omnes heredes, eumdem dare debere : si non consen-
tiant, ad hoc ex testamento eos teneri.

Constitutione autem Justinianus ad unam et

eamdem naturam omnia perduxit legata, de-
ditque vindicationem omnibus legatariis quo-
cumque modo legatum relictum fuisset, nec et
fideicommissariis. Hinc sequitur semper et in-
distincte legatarii electionem esse, nisi voluntas
testatoris in contrarium probetur : poterit igitur quam velit vindicare.

In legato generaliter relicto, observáre debes
ne optimum, vel quidem pessimum accipiatur.

A legato generis liberatio contingit speciei
solutione efficaci et bona fide facta. Si evictio
accidit rei solutæ, ex testamento agere poterit legatarius, si denuntiaverit heredi evictio-
nem antel item contestatam ; nam si aliter
fecerit, agenti ex testamento opponetur doli mali
exceptio : et haud immerito, quum emptoris
causa sit onerosa, legatarii autem lucrativa.
Si legatarius rem judicio petierit, officio judi-
cis cautio necessaria erit, ut sit ex stipulatu
actio loco ex testamento actionis, quæ con-
sumpta est, quum fuerit in judicium deducta.

Quamvis sola oblatio, et mora legatarii quo-
minus ei solveretur ea species cujus eligendæ
jus heres habebat, non efficiat liberationem,
verumtamen si ea res postea interierit, exclu-
detur per doli mali exceptionem legatarius.

III. *De legato alternativo.*

Legatum alternativum est quo duæ pluresve certæ species relinquuntur alternative, id est, ea lege, ut una vindicata, vel præstita, extinguatur legatum in altera.

Interim autem ex tali legato utraque res debetur; non quidem simpliciter, sed alternative. Unde si legatum in una interierit, manet efficax in altera : puta, si Titio Stichus aut Pamphilus, utrum eorum mallet, legatus est, deinde Pamphilum testator Titio donavit, quo facto legatum interit in persona Pamphili, Stichus in obligatione remanet, quum ex circumstanciis apparet testatorem non animo exequendi legati, sed magis ex causa novæ donationis Pamphilum donasse.

Quum duæ aut plures res alternative relictæ sint, quandiu vel circa unum incertum est an debebitur, nulla ex hoc legato debetur: adeoque interim dies legati non cedit. Quod si illa res desierit posse deberi, legatum in reliquis valere poterit. Proprium enim hoc est legati alternativi, ut duarum una vel alia res debeatur; porro, quandiu alteruter nondum exstiterit, nil debetur; quum non possit jam deberi quod nondum est. Imo et nulla adhuc præstanda est, quia voluit testator ut nonnisi alternative deberetur, et quia hoc legati genus duas res semel exstantes amplectatur. Sed quum certum fuerit unam ex duabus evanesci, quæ super- erit debere incipiet, diesque legati cederit.

Dies quidem legati alternativi non cedit quandiu nondum electioni locus est ex rebus alternative relictis, quarum aliqua adhuc spe- ratur deberi. Sed quamvis non eligeret legata- rius, decedens electionem ad heredem trans- mittit; in quo alternativum distat a legato optionis, quia hic conditionem, ille autem non continet.

Quum testator significavit cujus electio esset, hujus eam esse non dubium est.

Quod si heredi intra certum demum tempus electionem dedit, post illud tempus eam de- disse legatario intelligitur. Notari tamen debe- tur quod si heres intra statutum tempus volun- tatem denuntiaverit, re exstincta, eum liberari.

Quum testator nullatenus significavit cui electio competere, in legatis alternativis per vindicationem relictis, electio erat legatarii. In legatis alternativis per damnationem relictis et in fideicommissis, electio est heredis.

Supra diximus quomodo Justinianus legatario electionem semper dedit. Cæterum, semel de- nuntiata, mutari non potest sententia.

Nec potest heres eligere eam rem quæ amissa

est, nisi, non exspectata ejus recuperatione, pretium statim offerat. Item ex rebus alternative relictis, solida res elegi debet; non pars unius rei, et pars alterius rei.

Is est electionis effectus, ut res quæ semel electa est, sola deberi incipiat. Hinc hujus interitu liberatio continget. Consumitur autem eligendi facultas, alterutra re vindicata vel soluta.

III.

DE PECULIO LEGATO.
(Dig., lib. xxxiii, tit. 8.)

Peculia tam filiorumfamilias quam servorum, sunt in hereditate patrisfamilias, nisi ipsis aut alteri relicta probentur. Hinc, peculium servi cui libertas relicta est testamento, in hereditate manet, nisi servo relinquere et illud voluit testator. Quod ex circumstantiis inducitur.

Quamvis peculium non præsumatur concessum ei qui testamento manumittitur, excipiendus est qui manumittatur inter vivos. Longe distant servi qui a superstitibus manumittantur ex illis quibus testamento libertas reliquitur : aliis cum quidem concessum tacite peculium si non adimatur, aliis vero nisi specialiter

fuerit datum, penes successores remansurum
videatur. Hinc sequitur servi in legato, peculium excipere non esse necesse, quia non se-
quetur, nisi legetur.

Quid contineat peculii legatum? Tria hic quæ-
renda sunt :

1° *Quæ res in peculio legato contineantur?*

Si servus liber esse jussus sit, eique peculium
legatum sit, vicariorum ejus vicarii legato continentur. Non solum autem res corporales quæ
in peculio sunt continentur, sed et nomina pe-
cularia et peculii actiones. Cæterum, antequam
eas consecutus fuerit, agere non poterit servus,
quum dum esset in servitute, nullam sibime-
tipsi actionem quærere potuit : adeoque oportebit ut dominus ejusve heres eas ipsi cedat.
Peculio legato continentur etiam illa nomina
quorum ipse heres servo debitor erat; item et
nomina quæ a conservis ejus debentur.

Quæritur an peculio legato, contineatur id
quod dominus huic servo debebat? Sicut autem
æs alienum, ut ait Papinianus, hoc est, quod
debetur domino, minuit legatum peculium, ita
per contrarium id quod debet dominus servo,
augere debet. Sed huic sententiæ adversatur
rescriptum imperatoris nostri et patris ejus,
quod ita est : « Quum peculium servo legatur,
non etiam id conceditur, ut petitionem habeat
pecuniæ quam se in rationem domini impen-

disse dicit. » Aliud videtur in ea computatione peculii quæ fit quum creditor agit de peculio. Hoc in interveniente, computatur in peculio servi quod dominus illi naturaliter debet. Talis discriminis est ratio quod creditor certat de damno vitando; quapropter latior peculii interpretatio pro eo facienda est, quam pro legatario peculii, qui certat de lucro faciendo. Præterea compensari debet servus hoc quod impendit cum eo quod domino debetur. Sed excepta compensatione, regulariter non continetur legato peculii id quod dominus debet servo qui in rationes dominicos impendit, nisi alia appareat voluntas testatoris. Hæc autem defuncti voluntas, ex ejus consuetudine colligitur.

Evidenter apparet quod jam peculio exemerat servus aut filiusfamilias, peculium legatum non amplectari. Imo eximitur de peculio quod per actum, licet invalidum, servus aut filiusfamilias eximere destinavit. Similiter legato peculio, si pater aut dominus inde aliquid subtraxit et in propriam rationem convertit, minuitur peculium, nisi probetur non adimendi animo patrem dominumve fuisse.

2° *Quæ deductiones ex peculio legato fiant, et quodammodo?*

Et primo deducitur quod servus ille cujus peculium legatum est, domino debebat, et quidem ex quavis causa. Hoc tamen notandum

est, quod ex jure civili, ex damno dato quis
ultra simplum obligari potest; servus autem
non civiliter, sed duntaxat naturaliter obliga-
tur. Quamobrem non tenetur servus de damno
quod in se dedit. Nam id demum servus naturaliter domino debere intelligitur, quod civiliter deberet si liber esset et civilis obliga-
tionis capax : atque liber non potest esse
debitor ratione damni quod in se dedit.

Proponitur an debere domino intelligatur
hic servus et quod vicarii ejus domino debent?
Videndum quidem est an noxali judicio, vel
quavis alia causa vicarius factus fuerit domino
debitor; in superiori casu, litis æstimatio e
peculiaribus vicarii rebus deducitur, et hoc
insufficiente accrescit ipsius servi peculium,
sed nunquam ultra vicarii pretium; at in pos-
teriori, nihil e servi peculio deducitur, quia
nihil domino debeat, sed vicarii duntaxat, qui
certe ipse in suo peculio intelligi non potest.

Deducitur etiam e peculio servi, id quod
conservis debet; nam et hoc domino debet,
sed non id quod illi qui in ipsius peculio est,
debet, quamvis conservus ejus sit. Denique si
quid heredi debitum fuerit a servo, hoc et deducitur.

Quomodo autem fieri debeant deductiones
docet Ulpianus : « Si peculium legetur, etsi in
corporibus, puta fundi, vel ædes, si quidem

nihil sit quod servus domino, vel conservo, liberisve domini debeat, integro corpora vindicabuntur. Sin vero sit quod domino vel supra scriptis personis debeatur, deminui singula corpora quo rata debebunt. Et ita Julianus et Celsus putant. »

Hoc ita intelligendum est, ut Aamen pecuniam offerendo, possit servus manumissus illa integra retinere. Sed et si quædam res peculiaris specialiter alteri legata est, illam integram hujus rei legatarius habere debet.

Quod attinet ad illud quod cæteris creditoribus peculiaribus debetur, hanc tradit regulam Marcianus : « Si servo manumisso peculium legatum fuerit, in eum sine dubio creditoribus peculiariis actiones non competunt. Sed non alias heres peculium præstare debet, nisi ei cavetur defensu iri adversus creditores peculiarios. »

3° *Quo tempore inspicitur quid sit in peculio legato ?*

Discrimen est faciendum : alias enim accipiendum legatum peculii, si ipsi servo legetur; alias, si alio. Nam si ipsi, id tempus in legato spectandum quo dies legati cedit, id est, tempus aditæ hereditatis, quo demum tempore libertos et legatum servo cadunt; si vero extraneo, mortis tempus : sic tamen ut incrementa ex rebus peculiaribus ad eum perveniant, ut puta, partus ancillarum, vel fœtus pecorum. Sed quod ex operis suis vel in alia re accedit, id, si alio quam ipsi legetur peculium, non debebitur, nisi alias sensisse appareat testator. Hinc apparet non tantum præsens, sed etiam futurum peculium legari posse.

Legatum peculii extinguitur, exstincto peculio, sive demortuo servo; nam quæ accessionum locum obtinent, exstinguuntur quum principales res perimuntur. Sed tunc inutile legatum peculii fit, quum servus vivo testatore, decedit. Cæterum, si mortis tempore vixerit, peculium legato cedet.

POSITIONES.

I. Si socer filio suo exheredato dotem nurus suæ legaverit, quæritur an mulier adversus maritum de dote agere poterit? — Non poterit.

II. Est-ne differentia de cautione quæ debetur heredi ab illo cui dos relegata est a patre suo, et Orcinum libertum cui peculium legatum est? — Uterque heredem cavere debet defensum iri.

III. Quænam sit differentia, in legato dotis solvendo, inter filium exheredatum cui, post divortium, dos prælegata est, et filium qui ex parte scriptus est a patre heres? — Nihil est differentiæ : neutriusque enim differtur actio et uterque commodo repræsentationis gaudere debet.

IV. Si servo sine libertate legatum fuerit, poterit ne optionis legatarius servum et illius legatum petere? — Solus servus debebitur.

V. An eligi poterit servus cui testator sub conditione libertatem reliquit? — Non poterit.

VI. An debeat de evictione cavere legatarius, quum heres rem legatam sponte præstat? — Non debet, sed tantum quum in judicio petita est.

VII. Quæritur an, peculio legato, contineatur id quod dominus huic servo debebat? — Ne quidem continetur.

VIII. Quid de accessione vel decessione quæ legato statuliberi peculio evenire potest? — Sic augeri vel minui peculium traditum est.

DROIT FRANÇAIS.

PREMIÈRE PARTIE.

DES DISPOSITIONS TESTAMENTAIRES.

(Code Napoléon, art. 967 à 1034. — Loi du 25 ventôse an XI
sur le notariat, art. 1 à 30, 68.—Ordonnance de la marine,
août 1681, liv. 1er, tit. 9, art. 21. — Loi du 3 mars 1822
sur la police sanitaire, art. 1 et 10.)

En droit romain, le testament était défini :
*testamentum est voluntatis nostræ justa sententia,
de eo quod quis post mortem suam fieri vult.*

L'art. 895 le définit : un acte par lequel le
testateur dispose pour le temps où il ne sera
plus de tout ou partie de ses biens, et qu'il
peut révoquer.

Dans l'une et l'autre législation, le droit de tester est de droit public, comme l'écrit Papinien: *testamenti factio non privati, sed publici juris est.* La règle est donc que tous en jouissent, à l'exception de ceux que la loi en a privés. Toutefois, à un autre point de vue, le droit français actuel s'est écarté du droit romain et de celui qui était anciennement suivi dans les pays de droit écrit. A Rome, nul testament ne pouvait être valable s'il ne contenait une institution d'héritier ; c'était de ce principe fondamental qu'il tirait toute sa force ; aussi voyons-nous que les jurisconsultes de cette époque l'appellent *caput et fundamentum totius testamenti.* Le Code, en abolissant les divergences qui existaient avant sa rédaction entre les pays de droit écrit et les pays de droit coutumier, a posé une nouvelle règle ainsi formulée dans l'art. 967 : que ce soit sous le titre d'institution d'héritier, soit sous le titre de legs, soit sous toute autre dénomination propre à manifester sa volonté, que le testateur ait disposé de ses biens, l'acte sera valable, pourvu qu'il indique suffisamment qu'elle a été l'intention du défunt à l'égard de l'attribution de ses biens. Il suffira donc, pour qu'un testament soit valable, que celui qui l'a fait ait rempli toutes les conditions exigées par la loi pour chaque espèce de testament.

Une autre règle, non moins importante, est

que deux ou plusieurs personnes ne peuvent
tester dans le même acte, soit au profit d'un
tiers, soit à titre de disposition réciproque et
mutuelle. Cette prohibition a pour but de ga-
rantir l'entière liberté des disposants, et d'in-
terdire une forme incompatible avec la bonne
foi. On a remarqué en effet que dans de pareilles
dispositions, le plus souvent l'une ne serait que
la condition de l'autre, et que permettre à
chacun des testateurs de les révoquer, ou de
les modifier à l'insu de l'autre, ce serait auto-
riser la fraude et la violation de la foi promise.
Si, au contraire, elles étaient irrévocables, ce
serait se mettre en contradiction avec le principe de révocabilité qui domine en cette matière.

Remarquons enfin qu'on ne peut tester par
relation à un autre acte non revêtu des formalités testamentaires, et que la preuve testimo-
niale n'est pas admise pour établir qu'un legs
a été fait au profit de telle ou telle personne.
Ce serait là ouvrir la route à la chicane, et
favoriser la mésintelligence dans les familles,
tout en se fiant à une preuve qui serait loin
d'avoir les caractères de la certitude. Le ser-
ment même n'aurait aucune force probante:
frustra probatur, quod probatum non relevat.

Cependant, en cas de destruction du testament par cas fortuit, ou même par le fait d'un

tiers, ces règles reçoivent exception conformément à l'art. 1348.

Après ces quelques règles générales, communes à tous les testaments, nous arrivons à la division de notre sujet.

Les testaments sont ordinaires ou privilégiés.

I. *Testaments ordinaires.*

Cette première classe de testaments, ainsi appelée parce qu'elle renferme les trois modes les plus usuels de tester, se subdivise en trois espèces : testament olographe, testament public, testament mystique.

Testament olographe. — Trois conditions sont requises pour la validité de ce testament.

1° « La date ». Il suffit de se rappeler l'incapacité prononcée par la loi contre l'interdit, le mineur de seize ans, et même le majeur de seize ans, qui ne jouit que d'une demi-capacité pour comprendre toute l'importance de cette énonciation. Ajoutons qu'elle est nécessaire dans le cas de plusieurs testaments, pour assigner à chacun le rang qui lui convient ; nécessité d'autant plus grande que les premiers sont tacitement révoqués par ceux qui les suivent, pour toutes les dispositions qui sont entre elles contraires ou incompatibles. Elle

consiste dans l'énonciation du jour, mois et an,
faite soit en terme exprès, soit par équipollent.
Il n'est pas nécessaire que le lieu soit indiqué,
puisque le testament olographe peut être fait
en quelque lieu que ce soit. La place de la date
n'est pas non plus déterminée. Il suffit qu'elle
ne fasse qu'un avec le contexte.

2° «La signature». Elle consiste dans l'apposition d'un signe quelconque, pourvu que ce soit
la manière habituelle de signer du testateur,
et qu'elle suffise pour déterminer son indivi-
dualité. Un évêque peut signer de son prénom,
suivi de son titre de dignité ; de simples ini-
tiales, sans aucune addition, peuvent même
former une signature suffisante.

3° « L'écriture en entier de la main du testateur». Quelquefois un seul mot peut entraîner
la nullité de l'acte ; mais, pour qu'il en soit
ainsi, il faut qu'il soit constant que ce mot ait
été accepté et approuvé par le testateur, sans
quoi il serait au pouvoir du premier venu d'in-
firmer un testament en y inscrivant simplement
quelques mots.

Ces trois conditions remplies, le testament est
parfaitement valable. Peu importe donc sur
quoi il soit écrit, que ce soit sur du papier,
sur du parchemin ou sur un mur, si d'ailleurs
le testateur n'a pu manifester sa volonté autrement : dès lors qu'il est fait selon les exi-

gences de la loi, il n'est assujeti à aucune autre
formalité. Il n'est même pas nécessaire que le
papier soit timbré, sauf au légataire à le faire
timbrer avant de le mettre à exécution. Sous
l'empire de l'ordonnance de 1735, un testament ne pouvait être relaté dans une lettre
missive, mais la jurisprudence actuelle a rejeté
cette prohibition. Notons cependant que cette
lettre devra être conçue en termes clairs et
précis, et non dans la forme d'un simple projet
ou d'une promesse.

Le testament olographe offre plusieurs avan-
tages particuliers, d'abord à raison de la sim-
plicité de ses formes, qui dispense de l'inter-
vention de personnes étrangères, et met le
disposant à l'abri des obsessions et des récla-
mations de ceux qu'il dépouille. De plus, cette
forme procure à celui qui l'emploie la faculté
de tester en tout lieu et à tout moment. Enfin,
le sourd et le muet qui savent écrire, peuvent
faire un testament olographe.

Testament public. — Il est défini dans l'article 971 : « Celui qui est reçu par deux notaires,
en présence de deux témoins, ou par un notaire,
en présence de quatre témoins. » Les articles
suivants énumèrent les formalités nécessaires
pour la validité de ce testament. A ces règles
il faut ajouter celles qui sont communes à tous

les actes notariés, et qui sont contenues dans
la loi du 25 ventôse, sur le notariat. Nous avons
donc à examiner quelles qualités cet acte ré-
clame comme testament; quelles, comme acte
notarié.

Et d'abord comme testament, le Code exige
qu'il soit :

1° « Dicté par le testateur lui-même, et écrit
par le notaire ou par les notaires, tel qu'il leur
a été dicté, et en présence des témoins. » Par
ce mot *dicté*, la loi entend que le notaire doit
reproduire littéralement les termes dont s'est
servi le testateur, en un mot, remplir l'office
de secrétaire. Il ne lui est même pas permis de
procéder par voie d'interrogation. Dans le cas
de deux notaires, la dictée et la rédaction doivent se faire en la présence des deux, et aussi
des témoins. Tandis que pour les actes ordinaires, le notaire peut les faire rédiger par son
clerc, et sur de simples notes, un testament
ne peut être écrit que par le notaire ou par
l'un d'eux, et en présence du testateur.

Quelquefois il arrive que le testateur ne con-
naît pas la langue française. Même dans ce cas,
il faut que la rédaction soit faite en français;
seulement, pour en mieux assurer l'authenti-
cité, le notaire peut mettre en marge le texte
tel qu'il est dicté par le disposant. Une question sur laquelle les auteurs ne sont pas d'ac-

cord, c'est de savoir si, en pareille circonstance, les témoins doivent connaître et la langue du testateur et la langue française. Il semble que c'est là une qualité essentielle. Et en effet, les témoins ne sont appelés que pour vérifier si l'officier public écrit exactement ce qui lui est dicté. Or, comment pourront-ils remplir leur mission, s'ils ne comprennent pas ce que dit le testateur, s'ils ne sont pas à même de suivre la rédaction? Comment pourront-ils comparer cette rédaction à la dictée, pour reconnaître si le notaire s'est strictement conformé à la prescription de la loi? Cette première condition fait obstacle à ce que le muet puisse tester par acte public.

2° « Que lecture en soit donnée au testateur en présence des témoins. » C'est ainsi qu'il pourra reconnaître si ses volontés ont été reproduites fidèlement, et les changer si elles ne rendent pas bien son idée. Peu importe, au reste, par qui cette lecture soit faite. Il faut remarquer seulement qu'elle doit se faire devant tous les témoins réunis.

Le sourd ne peut tester en la forme publique à raison de cette formalité.

3° « Que mention soit faite en termes exprès, et sur le testament même, que toutes les formalités requises par la loi ont été régulièrement accomplies. » Cette formalité n'est, pour ainsi dire, qu'une garantie de l'accomplissement des autres, mais son absence rend le testament nul. Il s'ensuit donc qu'une mention mensongère est un faux en écritures publiques, qui entraîne, contre son auteur, les peines dont la loi punit ce crime.

4° « Qu'il soit signé du testateur, du notaire ou des notaires, et des témoins. » La signature du testateur est une condition nécessaire de la validité du testament, au point que s'il venait à mourir après avoir tracé seulement quelques lettres de son nom, ce testament tomberait entièrement. Quand il ne sait, ou ne peut signer, le notaire doit faire mention de sa déclaration à cet égard, ainsi que de la cause qui l'en a empêché. Une déclaration mensongère équivaut, de la part du testateur, à un refus de signer; donc, elle ne peut suppléer sa signature. Il est de même mentionné si un ou plusieurs témoins ne savent ou ne peuvent signer, mais non pas à peine de nullité.

Afin de favoriser les testaments en quelque lieu qu'il soient faits, le Code restreint, pour les campagnes, le nombre des signatures des témoins à la moitié. De plus, il déroge à la loi de ventôse, qui exigeait la mention de la signature du testateur et des témoins, ainsi que celle des noms, qualités et demeures de ceux-ci; mais l'art. 14 de la loi sur le notariat reste applicable quant à la mention de la signature du notaire.

Nous arrivons maintenant aux principes de la loi de ventôse, que le Code civil a maintenus. Mais nous devons citer avant, avec l'art. 975, les personnes qui ne peuvent servir de témoins dans un testament notarié : ce sont les légataires, à quelque titre qu'ils soient; leurs parents et alliés jusques et y compris le quatrième degré; enfin, les clercs du notaire ou de l'un de ceux qui reçoivent l'acte. A ces incapacités, il faut joindre celles contenues dans l'art. 10 de la loi de ventôse : et d'abord, si les deux notaires sont parents ou alliés en ligne directe, à tous les degrés, et en ligne collatérale jusqu'au degré d'oncle ou de neveu inclusivement, ils ne pourront concourir dans un même testament; leurs parents ou alliés aux mêmes degrés, ou ceux des parties contractantes, ainsi que leurs serviteurs, ne pourront être témoins.

Dans le testament olographe, l'indication du lieu est sans objet; mais dans le testament public elle est nécessaire, afin de reconnaître si le notaire avait le droit d'instrumenter dans le lieu où l'acte a été passé. Toutefois cette mention n'est pas exigée à peine de nullité. En cas d'annulation du testament, le notaire est passible de dommages-intérêts, s'il y a faute grave de leur part. C'est un point laissé à l'appréciation des tribunaux.

Testament mystique. — Cette sorte de testament est définie dans l'art. 976, et se compose de deux parties distinctes : 1° l'expression par écrit des volontés du testateur ; 2° l'acte de suscription, dont le but est de prouver l'identité de l'écrit et de prévenir toute altération et toute substitution d'un autre écrit à la place du véritable. C'est à propos de cette importante formalité que s'est agitée une question qui a divisé les auteurs, mais que la doctrine résoud affirmativement.

Un testament mystique dont l'acte de suscription est annullé, vaut-il comme testament olographe, ou perd-il toute validité ? Il est est évident que cette dernière opinion serait préférable, s'il était admis que le testateur n'eût voulu, quoi qu'il arrive, user que de cette seule manière de tester. Mais le contraire ressort du fond même de la question, puisque tester sous une forme quelconque, c'est prouver implicitement qu'on a voulu ne pas mourir intestat, et donner à supposer que l'on préfère un testament olographe, quoiqu'il ne soit pas fait conformément à notre désir, à l'absence complète de testament. D'ailleurs, l'acte qui ne vaut pas comme authentique, par défaut de formes, vaut aux termes de l'art. 1318, comme écriture privée, s'il a été signé des parties. Il vaut donc mieux adopter ce système, que de laisser la fortume du défunt aux mains de ceux qu'il eût peut-être voulu dépouiller.

Plusieurs formalités sont exigées pour la validité du testament mystique. Nous allons les passer rapidement en revue.

Le testateur doit écrire lui-même ses dispositions, ou les faire écrire par un tiers; dans tous les cas, il faut qu'elles soient approuvées de sa signature. La date n'est pas nécessaire, puisque le testament mystique ne reçoit date certaine que de celle de l'acte de suscription. C'est aussi à cette époque qu'il devra être capable. Le testateur doit le clore ou le sceller, ou le faire clore et sceller par un autre, soit en la présence, soit lors de la présence du notaire et des témoins. Le mot scellé, selon l'opinion généralement reçue, signifie empreint d'un cachet. Un autre système consiste à dire, fermé de telle manière qu'on ne puisse ouvrir le papier sans le déchirer.

Après la clôture et l'apposition du sceau, vient la présentation de l'écrit au notaire et aux six témoins avec la déclaration faite par le testateur que le contenu de ce papier est son testament écrit et signé de lui, ou écrit par un autre et signé de lui. Le notaire dresse ensuite l'acte de suscription, qu'il date. Cette formalité n'est autre chose, qu'un procès-verbal de la présentation et de la déclaration ci-dessus.

énoncée. Cet acte de suscription doit être signé du testateur, du notaire et des six témoins.
A la campagne même, la signature des six témoins est exigée, et la présence d'un second
notaire ne peut permettre d'en restreindre le
nombre. Il n'en est pas de même du testateur,
dont l'absence de signature est suppléée par
une mention dans laquelle le notaire relate
que le testateur n'a pu signer, à raison d'un
empêchement survenu depuis la signature de
l'écrit qui contient ses dispositions; si, au contraire, il ne sait pas signer du tout, il doit être
appelé un septième témoin, qui signe l'acte de
suscription avec les autres. Le notaire doit faire
mention de la cause qui a fait venir ce dernier.

Afin de donner moins de prise à la fraude
et à la malveillance, la loi a eu soin de prévenir que la présentation, la clôture et l'apposition du sceau, quand ces deux formalités ont
lieu en même temps que la première, la déclaration du testateur et l'acte de suscription,
doivent avoir lieu de suite et sans interruption.

Ceux qui ne savent ou ne peuvent lire, ne
peuvent pas tester sous la forme mystique.
Cela va de soi : il est en effet plus qu'évident
que le disposant doit au moins savoir ce que
contient le papier qu'il présente au notaire, et
sur ce point, la loi ne veut pas qu'il s'en rap-
porte à un autre qu'à lui-même. Si l'on suppose

un muet, qui sache écrire, la déclaration qui doit être faite au moment de la présentation est remplacée par une attestation ainsi conçue, et écrite au haut de l'acte de suscription : Le papier que je présente est mon testament. Le notaire fait mention que ces paroles ont été écrites par le testateur en sa présence et celle des témoins. A cette nouvelle disposition, il faut en ajouter deux autres : 1° au lieu de faire écrire ses volontés par un autre, le muet est tenu de les écrire lui-même; 2° de plus que le testament mystique ordinaire, qui reçoit date de celle de son acte de suscription, le muet doit dater les dispositions testamentaires. Cette dernière condition est une anomalie, que les rédacteurs du Code ont probablement oublié de faire disparaître, lorsqu'ils ont abrogé dans l'art. 976 les prescriptions de l'ordonnance de 1735, qui exigeait les deux dates, dans tous les cas.

Nous dirons en terminant que le sourd et le muet qui ne savent lire, ni par conséquent écrire, ne peuvent pas tester du tout.

Avant de nous occuper de la seconde classe de testaments, nous dirons un mot des qualités que doivent présenter les témoins. A cet égard, il faut distinguer la capacité absolue et la capacité relative. Cette dernière a été traitée dans l'art. 975. Les conditions requises pour la

première sont énoncées dans l'art. 980. Les
deux premières, mâles et majeurs, n'offrent
aucune difficulté. Quant à la troisième, sujets
du roi, elle a donné lieu à une controverse,
née des anciennes expressions *régnicoles, ré-
publicoles*, les uns prétendant qu'il suffit d'être
habitant du royaume pour avoir cette capacité,
les autres soutenant qu'il est indispensable
d'être Français. La doctrine semble s'être prononcée en ce dernier sens. Une quatrième et
dernière condition, c'est d'avoir la jouissance
des droits civils, et ajoutons, l'exercice. Cette
qualité explique pourquoi un interdit n'a pas
la capacité requise par la loi.

Remarquons que la loi de ventôse, art. 9,
qui exige que les témoins soient *citoyens français*, sachant *signer* et *domiciliés* dans *l'arrondissement communal* où l'acte est passé, n'est
pas applicable ici. Et en effet cette loi ne reçoit
d'application que pour les cas où il ne lui a
pas été dérogé par le Code civil : *specialia gene-
ralibus derogant*.

En outre de ces deux sortes d'incapacités, il
en existe une troisième, qu'on peut appeler naturelle, et qui met celui qui en est affecté dans
l'impossibilité de remplir le vœu de la loi : tels
sont l'aveugle, le sourd, pour les testaments
publics et mystiques ordinaires ; le muet qui ne
sait ni lire ni écrire, enfin ceux qui ne com-

prennent pas la langue du testateur, excepté
pour le testament mystique, lorsque celui-ci
use de la faculté que lui accorde l'art. 979.

II. — *Testaments privilégiés.*

Cette seconde classe de testaments, ainsi appelés, parce que la loi a cru devoir se relâcher
des règles sur les modes ordinaires de tester à
raison de circonstances particulières qui em-
pêchent le testateur d'en user, concerne quatre
sortes d'individus :

1° Les militaires et employés de l'armée. —
Leur testament peut être reçu, soit par un chef
de bataillon ou d'escadron, soit par tout autre
officier d'un grade supérieur, en présence de
deux témoins. Il peut l'être également par un
sous-intendant militaire, assisté de deux témoins, ou par deux sous-intendants, sans qu'il
soit besoin de témoins dans ce dernier cas.

Dans les hospices et les ambulances, lorsque
le testateur est malade ou blessé, l'officier de
santé en chef, assisté du commandant militaire,
quel que soit d'ailleurs son grade, remplace les
fonctionnaires précédemment désignés. Toutefois, il faut nécessairement qu'ils agissent
conjointement, et des témoins ne pourraient
remplacer l'un d'eux,

Ces formes exceptionnelles ne sont accordées aux militaires et employés de l'armée qu'aux conditions que la loi a eu soin de déterminer. Il faut : 1° qu'ils se trouvent hors du territoire français, soit en expédition militaire, soit en quartier ou en garnison; 2° ou prisonniers de l'ennemi, en quelque lieu que ce soit; 3° ou qu'é-tant en France, ils se trouvent soit dans une place assiégée, soit dans une citadelle ou autre lieu dont les portes soient fermées, et les communications interrompues à cause de la guerre. En dehors de ces circonstances, ces personnes doivent employer les formes ordinaires; et un testament de cette espèce n'est valable que six mois après qu'il a été en leur pouvoir d'employer les formes communes.

2° Les personnes qui se trouvent dans un lieu avec lequel toute communication est interceptée à cause de la peste ou autre maladie contagieuse. — Ce testament peut être reçu par un juge de paix et, à son défaut, par le juge suppléant ou par l'un des officiers de la commune, c'est-à-dire par le maire ou son adjoint. En tout cas, il faut la présence de deux témoins.

La loi du 3 mars 1822, sur la police sanitaire, déclare, dans son art. 19, que les membres des autorités sanitaires remplaceront les officiers de l'état civil, quand ceux-ci seront empêchés ou lorsqu'il n'en existera pas dans le lieu où se fait le testament. L'art. 1er décide que le roi déterminera par des ordonnances les parties du territoire ou les localités qui devront être soumises au régime sanitaire, les mesures extraordinaires que l'invasion ou la crainte d'une maladie pestilentielle rendrait nécessaires, ainsi que les attributions, la composition et le ressort des autorités et administrations chargées de l'exécution de ces mesures. Aujourd'hui c'est l'Empereur qui décrète ces mesures et les fait exécuter. Au reste, il importe peu que le testateur soit ou non atteint de cette maladie.

En ce qui touche la forme de ce testament, et le temps pendant lequel il peut produire son effet, les règles sont les mêmes que pour le testament militaire.

3° Ceux qui font un testament maritime. — A bord des vaisseaux et autres bâtiments du gouvernement, il est reçu par l'officier commandant le bâtiment ou, à son défaut, par celui qui le supplée dans l'ordre de service, l'un ou l'autre conjointement avec l'officier d'administration, ou avec celui qui en remplit les fonctions.

A bord des bâtiments de commerce, par l'écrivain du navire, ou celui qui en fait les fonctons, l'un et l'autre conjointement avec le capitaine, le maître ou le patron ou, à leur défaut, ceux qui les remplacent.

A bord des bâtiments de l'État, le testament du capitaine, et sur les bâtiments de commerce, celui du capitaine, maître ou patron, ou celui de l'écrivain, est reçu par ceux qui viennent après eux dans dans l'ordre de service.

Dans tous les cas, les officiers qui reçoivent le testament doivent toujours être assistés de deux témoins. Les qualités que doivent avoir ces témoins, ainsi que ceux qui sont appelés comme tels à la confection d'un testament militaire ou fait en temps de peste, n'ont pas été réglées par le Code. Il vaut donc mieux croire qu'il a entendu s'en référer aux dispositions ci-dessus énoncées, dans les art. 975 et 980.

Quelles personnes peuvent faire un testament maritime? Ce sont toutes celles, officiers, matelots, hommes d'équipage ou passagers, qui se trouvent sur un navire qui a commencé un voyage et ne l'a pas encore terminé. Il faut le concours de ces deux conditions : qu'il soit fait en mer, et pendant le cours d'un voyage. Avant que le bâtiment n'ait quitté le port, ou après qu'il a abordé dans un autre, ce testament n'est point valable. Si le navire a abordé dans un pays où il y a un officier public français, celui qui veut tester doit s'adresser à cet officier ou à l'officier du pays étranger, si c'est hors de France, conformément à la maxime : *locus regit actum.* Mais s'il n'y a pas d'officier

français, on ne peut pas dire que la compé-
tence des officiers du navire disparaît devant
la présence d'officiers étrangers, ainsi que l'ont
soutenu plusieurs éminents jurisconsultes. En
pareil cas, le testament peut être fait indiffé-
remment par les officiers du navire ou par les
officiers étrangers.

Les officiers publics dont il est ici question
sont les agents diplomatiques ou consuls, auxquels l'art. 24 de l'ordonnance de 1681, sur la
marine, donnait le pouvoir de recevoir les testaments dans l'étendue du consulat, pourvu
qu'ils fussent assistés de deux témoins et que
le testament fût signé d'eux. Depuis, une circulaire ministérielle des affaires étrangères, du
22 mars 1834, est venue ajouter une nouvelle
force à cet article, qui, selon M. Duranton,
n'est plus en vigueur. Cette circulaire décide
que nos lois nouvelles n'ont porté aucune at-
teinte au droit accordé au chancelier par l'art.
24 qui, dès lors, est encore en vigueur ; elle
décide même que les chanceliers, assistés des
consuls, pourront recevoir des testaments mystiques et en dresser l'acte de suscription, en
se conformant aux art. 976, 77, 78 et 79 du
Code civil.

La loi, craignant que les officiers ne profitent
de l'influence qu'un supérieur exerce généralement sur son subalterne, prohibe les libé-

ralités faites en leur faveur. Elle les permet
seulement au cas où ces officiers sont unis au
testateur par les liens de la parenté, car alors
cette influence n'est pas autant à redouter.
Quoique le degré de parenté n'ait pas été li-
mité, il paraît certain qu'elle doit s'arrêter au
douzième degré, le dernier degré du rang suc-
cessible, sans quoi il serait difficile, pour ne
pas dire impossible, de déterminer son point
d'arrêt.

Le testament maritime, comme les deux dont
nous avons parlé précédemment, n'est valable
que pendant un certain délai fixé dans l'art.
996. Il faut que le testateur meure en mer, ou
dans les trois mois après qu'il est descendu à
terre, et dans un lieu où il a pu le refaire dans
les formes ordinaires.

Afin d'assurer l'exécution des volontés du
testateur, de prévenir la perte du testament,
et de le soustraire aux risques de la navigation,
la loi a exigé certaines mesures, dont l'inob-
servation du reste n'entraîne pas nullité. A cet
effet, l'officier qui reçoit le testament doit en
faire un double original. Si le vaisseau aborde
dans un port étranger où se trouve un consul,
il dépose un des originaux clos et cacheté entre
les mains de ce consul, qui le fait parvenir au
ministre de la marine. Celui-ci en fait faire le
dépôt au greffe de la justice de paix du lieu du

domicile du testateur. Si le vaisseau aborde en
France, soit dans le port de l'armement, soit
soit dans tout autre, les deux originaux du testament, également clos et cachetés, ou l'original qui reste, si l'autre a été, pendant le cours
du voyage, déposé entre les mains d'un consul,
doivent être remis au bureau de l'inscription
maritime. Le préposé les fait ensuite passer
sans délai au ministre de la marine, qui en
ordonne le dépôt au greffe de la justice de paix
du lieu du domicile du testateur.

Dans tous les cas, il doit être fait sur le rôle
du bâtiment, à la marge du nom du testateur,
mention de la remise qui a été faite des originaux du testament, soit entre les mains d'un
consul, soit au bureau du préposé de l'inscription maritime.

4° Les Français qui font un testament à l'é-
tranger. — Le Français qui est en pays étranger peut choisir entre ces deux formes de tester :
la forme olographe ou les formes usitées dans
le pays où il se trouve, lors même que ces
formes ne seraient pas usitées en France ; c'est
le sens qu'il faut donner au mot authentique de
l'art. 999. Nous avons déjà fait remarquer que
cette matière est encore régie par l'art. 24 de
l'ordonnance de 1681.

Les testaments faits en pays étranger ne peuvent être exécutés en France, qu'après avoir

été enregistrés au bureau du domicile du testateur, s'il en a conservé un, sinon au bureau
de son dernier domicile connu en France, et
dans le cas où le testament contient des dispositions d'immeubles qui y sont situés, il doit
être, en outre, enregistré au bureau de la situa-
tion de ces immeubles, sans qu'il puisse être
exigé un double droit. L'art. 1001 déclare que
les formalités ci-dessus exigées, le sont à peine
de nullité. Nous observerons toutefois qu'il n'y
a à entraîner nullité que l'absence des qualités
constitutives, et que, par conséquent, celles qui
sont requises pour le testament maritime de
l'art. 990 à 993, ainsi que celle énoncée en
l'art. 1000, ne sont pas sanctionnées par cette
déchéance.

DEUXIÈME PARTIE.

DES INSTITUTIONS D'HÉRITIERS ET DES LEGS EN GÉNÉRAL.

La loi romaine, suivie autrefois dans nos
provinces de droit écrit, reconnaissait des
héritiers ab intestat et aussi des héritiers
testamentaires. Le Code n'a pas adopté les
mêmes idées : suivant lui, il n'y a que des
héritiers ab intestat. La loi française ne fait

pas les héritiers ; elle n'admet, à cet égard,
d'autres règles que les liens du sang. Désormais, ceux en faveur desquels sont faites des
dispositions testamentaires, sous quelque dénomination que ce soit, ne sont que des successeurs aux biens. Il y a donc toujours cette différence entre les héritiers et les légataires, que
les premiers succèdent à la personne du défunt,
sustinent defuncti personam, selon la formule
romaine, tandis que les seconds ne succèdent
qu'aux biens. Une autre différence non moins
importante, c'est que le légataire, même universel, n'est jamais tenu, du moins en cette
qualité, de payer les dettes du défunt ultra
vires bonorum, puisque, d'après l'opinion la
plus généralement reçue, il n'est pas héritier,
en supposant même qu'il n'y ait pas d'héritiers
à réserve. Si la saisine lui est accordée dans ce
dernier cas, c'est, pour ainsi dire, en guise de
consolation, comme nous le verrons plus loin.

Le Code reconnaît trois espèces de legs universel, le legs à titre universel et le legs particulier.

I. *Du legs universel.*

Le legs universel est celui qui donne vocation
au tout, c'est-à-dire un droit éventuel à la to-

talité des biens que laissera le testateur au jour de son décès.

Il ne faut pas confondre l'exécution du legs avec la vocation qu'il donne. L'exécution peut ne donner au légataire qu'une très-faible partie des biens auxquels il était appelé : que je lègue, par exemple, toute ma fortune à Primus. Il peut se faire que la présence d'héritiers réservataires ne lui permette d'en obtenir qu'une fraction très-minime. Mais comme ceux-ci peuvent mourir avant moi ou répudier ma succession, il peut aussi arriver que le legs soit exécuté dans son intégralité ; en un mot il a acquis un droit éventuel au tout ; c'est donc un legs universel. Bien plus, ayant 100,000 fr. de fortune, si je lègue cette fortune tout entière à Primus, et si ensuite je fais un legs de 100,000 francs à Secundus, ce sera encore un legs universel, quoiqu'il puisse arriver que Primus n'ait rien, en supposant que Secundus survive assez pour recueillir son legs et qu'il ne le répudie pas.

On peut aussi faire deux legs universels, par une même disposition, au profit de deux personnes différentes, exemple : je lègue tous mes biens à Primus et à Secundus. L'un et l'autre peuvent en effet y prétendre, mais s'ils viennent concurremment, l'exécution des legs ne répondra pas à leur vocation : *concursu partes fiunt.* Dans le cas contraire, le même aura tout, *jure non decrescendi.*

Une autre règle d'interprétation de la volonté du testateur, c'est d'examiner les termes dans lesquels elle est exprimée. Que l'on suppose deux legs ainsi conçus : Je lègue toute ma fortune à Primus et à Secundus, à chacun pour moitié. Quoi qu'il arrive, chacun d'eux n'obtiendra que la partie déterminée par le testament ; ces legs sont donc à titre universel.

Autres exemples : Je lègue à Primus tous mes biens ; je lègue à Primus tous les biens que je possède actuellement. Le premier est un legs universel, le second un legs particulier. Au premier cas, que la masse de mes biens augmente ou diminue, le légataire la prendra telle quelle ; au second, ce qui viendra s'ajouter ou remplacer ma fortune actuelle n'appartiendra pas au légataire, puisque je ne lui ai légué que ce qui composait ma fortune au moment où je testais. Le legs de la quotité disponible doit aussi s'interpréter d'après les circonstances, eu égard à la position où se trouvait le testateur au moment de la confection de son testament.

II. *Du legs à titre universel.*

Cette espèce de legs ne peut être facilement

défini, et le Code se contente de le faire connaître, en indiquant les cas auxquels il s'applique. Sont à titre universel : les legs d'une fraction, comme un tiers, un quart, ou de toute la quotité disponible ; de tous les immeubles, de tous les meubles ; d'une fraction de tous les immeubles ou de tous les meubles. C'est là, au reste, une division nouvelle, que l'ancien droit rangeait parmi les legs universels.

III. *Du legs particulier.*

Le legs particulier se définit négativement, en disant que c'est celui qui ne donne pas vocation au tout, et qui ne rentre dans aucun des cas cités comme legs à titre universel. Il peut donc se composer d'une masse de biens, pourvu qu'ils soient spécialement déterminés : Je lègue à Primus tous les biens que j'ai dans telle commune ; — les biens provenant de telle succession.

Suivant la doctrine presque universellement admise aujourd'hui, le legs de la nue propriété de tous les biens est universel. Ne donne-t-il pas en effet vocation au tout, par la cessation de l'usufruit? Au contraire, le legs d'un usufruit, quelque étendu qu'il soit, est considéré comme particulier. C'est ce qui explique pour-

quoi le bénéficiaire d'un tel legs ne contribue
jamais au payement du capital des dettes. Toutefois, comme il a la jouissance active, il en
doit supporter les intérêts, qui sont une charge
naturelle des fruits.

Le légataire universel acquiert, par l'effet
du legs, la propriété de chacun des objets qu'il
comprend. Cette propriété peut être absolue
et exclusive ou indivise, suivant qu'il succède
seul ou qu'il concourt avec des héritiers réservataires. Trois actions lui compètent : 1° une
action en partage, pour sortir de l'indivision
avec l'héritier réservataire; 2° une action en
revendication, entre les tiers possesseurs; 3° une
action personnelle, pour poursuivre les débiteurs du défunt.

Les mêmes droits existent au profit du légataire à titre universel, et sont sauvegardés
par les mêmes actions.

Quant au légataire particulier, il acquiert
tantôt un droit sur la chose, *jus in re,* c'est-à-
dire un droit de propriété; tantôt un droit à la
chose, *jus ad rem,* ou droit de créance, suivant
que son legs comprend une ou plusieurs choses
individuellement déterminées, ou seulement

des objets désignés *in genere*. Dans ce cas, pour qu'il devienne propriétaire, il faut qu'il y ait tradition ; jusqu'à ce moment le légataire n'a qu'un simple droit de créance contre la succession. C'est aussi suivant ces deux distinctions, qu'il aura l'action en revendication ou l'action personnelle, dite *ex testamento*. Dans tous les cas, il aura une action hypothécaire sur tous les immeubles de la succession.

C'est en voulant appliquer à cette hypothèque le principe de l'indivisibilité, que les rédacteurs du Code ont commis une erreur législative. Ils n'ont pas remarqué que cette hypothèque, qui naît multiple, ne doit pas être, assimilée à celle qui garantit une créance, dont l'objet simple et unique d'abord, vient ensuite à être partagé entre les héritiers du débiteur. Ce serait seulement dans cette dernière hypothèse, qu'il faudrait appliquer le principe de l'indivisibilité. Quoi qu'il en soit, l'art. 1017 est formel.

§ II. — Acquisition, exigibilité et transmissibilité des legs.

Le legs *pur et simple* est ouvert, exigible et transmissible au moment de la mort du testateur. Si donc le légataire survit à celui-ci, ne fût-ce qu'un instant de raison, il suffit pour que ses propres héritiers en soient aussi investis ; s'il prédécède, tout droit à ce bénéfice s'anéantit, puisque le legs est fait *intuitu personæ*.

Le legs *conditionnel* s'ouvre, devient exigible et transmissible, non pas au moment de la mort, mais à l'arrivée de la condition. Si le légataire meurt *pendente conditione*, de même que s'il devient certain qu'elle ne se réalisera pas, le legs devient caduc. Ici la condition accomplie n'a pas d'effet rétroactif : c'est ce qui fait la différence de la condition en matière de legs et en matière de contrats. L'art. 1122 dit en effet que, dans un contrat, on est censé stipuler pour soi et ses héritiers, à moins que le contraire ne soit exprimé ou ne résulte de la nature de la convention.

Pour ce qui est du *terme* dans un legs, il en suspend seulement l'exigibilité. Il devient donc transmissible par la survie du légataire ou testateur, quoiqu'il ne puisse être exigé avant l'arrivée du terme.

§ III. — Règles générales sur l'exécution des testaments, la saisine et la délivrance des legs.

Avant que les légataires puissent demander la délivrance de leurs legs, ils doivent préalablement se conformer aux formalités tracées par le Code, et dont la première est la présen-

tation du testament au président du tribunal
de première instance de l'arrondissement dans
lequel s'est ouverte la succession. Celui-ci
remplit les autres, en consignant dans un procès-verbal : 1° la présentation qui lui a été
faite du testament ; 2° son ouverture, s'il était
cacheté ; 3° l'état dans lequel il l'a trouvé, indiquant le mot par lequel il commence, celui
par lequel il finit, le nombre des lignes, les
renvois et ratures qu'il contient. Le procès-
verbal et le testament sont ensuite déposés
chez un notaire que ce magistrat indique, afin
d'en assurer la conservation et de donner toute
facilité pour le consulter à ceux qui voudraient
l'attaquer.

Le testament mystique, doit de plus être
ouvert en présence du notaire qui l'a reçu et
des témoins signataires de l'acte de suscription, ou eux dûment appelés.

Quant au testament authentique, cette présentation est inutile, ainsi que le dépôt chez
un notaire autre que celui qui l'a dressé ; car
il est exécutoire par lui-même.

Enfin les légataires doivent faire enregistrer
le testament ; mais ils ne sont plus, comme
autrefois, tenu de faire l'avance des frais d'enregistrement pour le tout, sauf recours contre
leurs colégataires. L'indivisibilité de l'enregistrement ne subsiste plus aujourd'hui que

pour le légataire universel ou à titre universel
(Loi du 22 frimaire an VII, art. 22 ; — voir aussi
un avis du conseil d'État du 20 septembre 1808).
C'était là une disposition qui arrêtait l'exécution des legs; car il pouvait arriver que le légataire n'eût pas assez de fortune pour faire
les avances nécessaires. Aussi l'art. 1016 nous
dit-il que chaque legs peut être enregistré sé-
parément ; toutefois, ajoute-t-il, cet enregistrement ne pourra profiter à aucun autre qu'au
légataire ou à ses ayants cause. Ces frais d'enregistrement seront au compte du légataire, à
moins de disposition contraire, et les frais de
délivrance au compte de la succession, car ces
derniers font partie, comme accessoires, de la
dette qui lui est imposée. Or, l'art. 1248 déclare que les frais du payement sont à la charge
du débiteur. Il est essentiel cependant d'obser-
ver que tous ces frais, tant d'enregistrement,
s'ils ont été mis à la charge de la succession,
que de délivrance, cumulés avec la valeur des
objets légués, ne doit pas dépasser la quotité
disponible. Ceci nous amène à parler de la réserve et de la saisine.

Le légataire universel peut se trouver en concours avec des héritiers réservataires. Voyons
donc, dans cette hypothèse, quelle est sa position à l'égard de ceux-ci, soit par rapport à la
saisine, soit par rapport à l'exercice des droits
dont il est investi.

D'après l'art. 1004, la saisine, qui est la possession provisoire de la succession, ne peut appartenir dans ce cas qu'aux héritiers réservataires; de sorte que pour obtenir la délivrance de son legs, le légataire universel sera obligé de s'adresser à ceux-ci. Nous avons vu les formalités qu'il devait remplir pour arriver à ce résultat. Du reste, elle peut se faire à l'amiable. Ce ne sera aussi qu'après la délivrance qu'il pourra intenter, soit l'action en revendication contre les tiers détenteurs, soit l'action personnelle, contre le débiteur du défunt.

Si l'on suppose, au contraire, un légataire universel qui n'est pas en concours avec des héritiers réservataires, il jouit du bénéfice de la saisine et de toutes les prérogatives qui en sont les conséquences. Il peut, dès le jour même de la mort du testateur, sans qu'il soit besoin de remplir aucune formalité, se mettre en possession des biens qui composent la succession, revendiquer ceux qui sont entre les mains des tiers, et poursuivre les débiteurs de la masse héréditaire. Voilà pour le testament authentique.

Lorsque le légataire ne puise son droit que dans un simple testament olographe ou mystique, il doit se faire envoyer en possession par le président du tribunal de l'ouverture de la succession. Il adresse, à cet effet, une requête au président à laquelle est annexé l'acte de dépôt chez le notaire désigné. Ajoutons que les héritiers légitimes peuvent intervenir et s'opposer à l'envoi en possession. En pareil cas, le président décide quels sont les droits les mieux fondés, et renvoie les parties devant le tribunal, s'il y a lieu.

S'agit-il d'un legs à titre universel, le légataire n'a jamais la saisine, et doit demander la délivrance dans tous les cas. Ceux qui doivent la lui faire sont tantôt les héritiers réservataires, tantôt le légataire universel, et quelquefois d'autres héritiers dans le rang où ils sont appelés à succéder. Quoi qu'il advienne d'ailleurs, les legs à titre universel ne se prélèveront que sur la quotité disponible, et la demande en délivrance devra se poursuivre contre celui ou ceux qui en seront alors les détenteurs.

De même que le légataire à titre universel, le légataire particulier n'a jamais la saisine. La demande en délivrance s'exercera donc, quant à lui, de la même manière, et contre les mêmes personnes que nous avons précédemment indiquées.

§ IV. — Des intérêts des sommes et des fruits.

Le légataire universel en concours avec des héritiers réservataires, a droit aux fruits et aux intérêts à compter du jour du décès du testateur, si, dans l'année, à compter de la même époque, il a formé sa demande en délivrance; dans le cas contraire, les fruits et les intérêts ne lui sont dus qu'à compter de sa demande en délivrance, ou du jour que la délivrance lui a été volontairement consentie.

Les légataires particuliers, qu'ils aient ou n'aient pas formé leur demande dans l'année du décès du testateur, n'ont droit aux fruits et aux intérêts qu'à compter de leur demande en délivrance. Cependant le Code indique deux cas où ils leur sont dus exceptionnellement à partir du décès : 1° lorsque le testateur l'a ainsi exprimé d'une manière expresse; 2° lorsqu'une rente viagère a été léguée à titre d'aliments, ce qui doit se déterminer par les tribunaux, d'après les circonstances. On peut y ajouter un troisième cas, qui résulte de la possession même de la chose léguée : c'est le legs de libération qu'un créancier fait à son débiteur. Il va sans dire que cessant d'être débiteur du capital, à partir du décès, le légataire cesse dès la même époque d'en devoir les intérêts.

La question du légataire à titre universel a été diversement résolue par les auteurs : les uns voulant le traiter comme le légataire universel, les autres le réduisant à la position du légataire particulier. Les premiers, s'appuyant sur la maxime romaine : *Fructus augent hereditatem*, prétendent que les fruits doivent venir se joindre à la masse héréditaire, comme l'accessoire suit le principal. Selon les seconds, cette règle ne peut recevoir ici son application. L'héritier, disent-ils, qui a la saisine, la possession légale de toute la succession est de bonne foi. Quoiqu'il sache par le testament qu'un legs à titre universel a été fait en faveur de telle personne, ne peut-il pas supposer qu'elle n'acceptera peut-être pas? Jusqu'à ce que le légataire se soit prononcé à cet égard, il est donc possesseur de bonne foi; et comme tel, les fruits doivent lui appartenir jusqu'à la demande en délivrance. Au reste, si la loi a dérogé au principe général en faveur du légataire universel, c'est pour lui laisser en quelque sorte une fiche de consolation, à la place de la qualité d'héritier testamentaire qu'il avait en droit romain et que quelques jurisconsultes voulaient encore maintenir, lors de la discussion du Conseil d'État.

§ V. — Du payement des dettes et des legs.

La théorie du Code sur cette matière peut se

résumer en deux règles fondamentales : les
dettes grèvent toute la masse de la succession;
les legs se prélèvent sur la portion disponible.
De là, résulte que quiconque recueille toute la
succession, en paye toutes les dettes ; quiconque recueille tout le disponible, paye tous les
legs. Réciproquement, quiconque ne prend
qu'une fraction de la succession ou du disponible, ne paye qu'une fraction correspondante
à cette quantité. De cette façon, si un légataire
universel ne se trouve pas en concours avec des
héritiers réservataires, il devra payer toutes
les dettes et tous les legs, jusqu'à concurrence
de son émolument. Il se pourra donc faire qu'il
ne lui reste rien. Si, au contraire, il concourt
avec eux, et que le testateur ait dépassé la
quotité dont la loi lui permet de disposer, les
legs devront subir une réduction proportion-
nelle. Dans ce cas, il sera toujours certain qu'il
lui restera quelque chose ; mais non pas un
quart, comme cela avait lieu en droit romain,
et naguère dans les provinces de droit écrit.
C'est là le sens de l'art. 1009, dont la rédaction
peut prêter à l'amphibologie.

Les légataires universels ou à titre universel
peuvent être actionnés pour le tout, sauf leur
recours contre leurs coobligés ; c'est ce qui arrive, par exemple, quand l'un d'eux a dans
son lot un immeuble hypothéqué à une dette

du défunt. Il se peut même qu'ils n'aient aucun recours à exercer; ce cas se présente quand le testateur lègue à un second légataire un objet déterminé faisant partie d'un premier legs.

Le légataire particulier n'est tenu au payement des dettes, si ce n'est dans l'exemple du legs d'un immeuble hypothéqué, et de celles que le défunt a mis expressément ou tacitement à sa charge, et encore aura-t-il un recours dans le premier cas. Il pourra seulement subir la réduction dont il est question dans l'article 926.

Les art. 1018 et suivants contiennent quelques règles sur l'interprétation de la volonté du testateur. C'est ainsi que la chose léguée doit être délivrée avec ses accessoires et dans l'état où elle se trouve au jour du décès. Il faut entendre par ces derniers mots que les détériorations et améliorations survenues dans l'intervalle de la confection du testament à la mort, diminuent ou augmentent la valeur de la chose léguée. On peut en dire autant de celles qui sont postérieures à cette époque, si ce n'est que le débiteur du legs est responsable des dégâts qui proviennent de sa faute.

Les nouvelles acquisitions, fussent-elles voisines, contiguës à l'immeuble légué, n'en sont point censé faire partie, à moins d'une disposition particulière, Il en est autrement, si le legs est désigné du nom de domaine, et que ce domaine vienne à s'agrandir par l'acquisition d'un nouveau champ ; car, par cette dénomination, on entend une unité collective, une universalité. — Les embellissements et nouvelles constructions, c'est-à-dire destinées à remplacer celles qui existaient auparavant, sont au contraire comprises dans le fonds légué, ainsi que les nouvelles acquisitions renfermées dans la même enceinte. Au reste, toute cette matière doit être subordonnée aux circonstances particulières de la cause.

Quand le testateur, avant ou après le testament, hypothèque l'immeuble légué ou le grève d'un usufruit ou de toute autre servitude, le débiteur du legs n'est pas tenu de le dégager, à moins que le testateur ne lui ait imposé cette condition.

Le legs de la chose d'autrui, en droit romain, était valable ou nul, suivant que le testateur savait ou ignorait que cette chose était à autrui.

Tout se réduisait à une pure question d'interprétation : de là une source de difficultés. Le Code a aboli cette distinction, et déclare nul un tel legs dans tous les cas. Toutefois, s'il était évident que le disposant savait que cette chose n'était pas la sienne, et qu'il voulait obliger son héritier à en faire l'acquisition ou à en payer l'estimation, un tel legs devrait être exécuté. Il est certain d'ailleurs qu'on peut faire un legs d'une chose indéterminée, auquel cas l'héritier ne devra la donner ni de la meilleure qualité, non plus que de la plus mauvaise.

Le Code termine cette section en déclarant que le legs fait au créancier ne sera pas censé en compensation de sa créance, ni le legs fait au domestique en compensation de ses gages. Cela va de soi : car l'on suppose que qui fait un legs, le fait dans l'intention de faire une libéralité au légataire, de l'enrichir.

TROISIÈME PARTIE.

DES EXÉCUTEURS TESTAMENTAIRES.

L'exécuteur testamentaire est un mandataire choisi par le testateur pour représenter les héritiers auprès des légataires, et exécuter toutes ses autres volontés. Ce soin peut être confié à un héritier légitime, à un légataire, ou à toute autre personne, sauf les exceptions que nous verrons plus loin. Cette qualité offre la plus grande analogie avec le mandat ordinaire, et est généralement soumise aux mêmes règles.

Comme le mandat, personne n'est tenu d'accepter cet office ; et, d'un autre côté, il est permis de le conférer à ceux au profit desquels on ne peut disposer par testament.

C'est une mission gratuite ; mais le plus souvent il est d'usage que le testateur fasse un présent à celui qu'il charge de l'exécution de ses volontés. Ce présent est alors considéré comme une espèce de rémunération, à laquelle l'exécuteur testamentaire n'a pas droit s'il refuse (art. 1986).

L'exécuteur testamentaire n'a pas de profit à espérer ; mais il ne doit pas perdre non plus : aussi l'art. 1034 nous dit que les frais d'opposition de scellé, d'inventaire, de reddition de compte et autres relatifs à ces fonctions, seront à la charge de la succession, à moins qu'ils n'entament la réserve, auquel cas ils seront à la charge des légataires (art. 1999 et 1034).

De même qu'un mandataire ordinaire est tenu de continuer l'affaire qu'il a volontairement acceptée, lorsque le mandant est dans l'impossibilité de la gérer lui-même ou de la confier à un autre, de même l'exécuteur testamentaire ne peut abandonner celle qu'il a commencée. Toutefois l'un et l'autre peuvent se désister de leur mandat, lorsqu'ils sont dans l'impossibilité de le continuer, sans qu'il résulte pour eux un préjudice considérable (art. 2007).

Enfin, c'est avant tout une mission personnelle, qui ne peut passer aux héritiers, sauf à ceux-ci à prévenir les intéressés de la mort de l'exécuteur testamentaire, et à pourvoir en attendant à ce que les circonstances exigent (art. 2010).

Comme ce mandataire n'a pas été choisi par les héritiers, mais qu'il leur a été imposé, et qu'il est cependant destiné à sauvegarder leurs intérêts, la loi a dû leur donner certaines garanties contre sa mauvaise administration. C'est pourquoi si plusieurs exécuteurs testamentaires ont été nommés, ils sont tous solidairement responsables du compte du mobilier qui a pu leur être confié. De plus, certaines personnes capables de remplir un mandat ordinaire ne peuvent être nommées exécuteurs testamentaires : tels sont le mineur et la femme mariée. Il faut néanmoins faire une distinction pour cette dernière. Est-elle séparée de biens, elle peut, avec l'autorisation de son mari, ou de justice, engager la pleine propriété de ses biens, et est par conséquent apte à être exécutrice testamentaire ; est-elle mariée sous le régime de communauté, elle est encore capable, avec l'autorisation de son mari ; mais remarquons que l'autorisation de justice ne pourrait ici suppléer celle du mari, qui a droit à la jouissance des biens de sa femme.

Afin de rendre plus facile l'exécution des legs mobilier, le testateur est autorisé à donner à ses exécuteurs testamentaires la saisine de ses meubles pendant un temps qui ne peut être prolongé au-delà d'un an et un jour. Il ne faut pas confondre cette saisine avec celle que donne à l'héritier l'art. 184. Celle dont il s'agit ici n'est qu'une simple détention, une espèce de séquestre, qui ne donne à ceux qui en sont investis même droit de possession; encore faut-il pour la conférer une disposition expresse, à la différence des anciennes coutumes, qui l'accordaient de plein droit. Remarquons du reste qu'ils pourront l'exiger, si elle ne leur a pas été donnée.

On s'est demandé si le testateur pourrait prolonger le délai de l'an et jour fixé par le Code, et étendre aussi la saisine aux immeubles; MM. Duranton et Toullier enseignent l'affirmative : l'opinion contraire de MM. Dalloz et Marcadé semble plus sûre. En effet, ce droit de saisine, dont sont investis les exécuteurs testamentaires, outre qu'il est blessant pour l'héritier, constitue un état de choses anormal, irrégulier et pour ainsi dire choquant, en refusant au propriétaire la libre possession de biens qui lui appartiennent pour les mettre sous la garde d'un tiers. D'ailleurs la loi est formelle, et les expressions dont elle se sert ne peuvent donner place au doute. Quant aux immeubles, l'art. 1026 n'en parle pas, et semble par là même restreindre cette

mesure aux meubles seuls. Le même motif
n'exige pas la même précaution, le détourne-
ment des immeubles n'étant pas à craindre.

La loi offre aux héritiers le moyen de faire
cesser la saisine, en offrant aux exécuteurs testamentaires somme suffisante pour le payement
des legs mobiliers, ou en justifiant de ce
payement

Les exécuteurs testamentaires saisis, étant
tenus de rendre un compte exact de leur
gestion, doivent : 1° faire apposer les scellés ;
2° faire faire en présence des héritiers, ou eux
dûment appelés, l'inventaire des biens de
la succession ; 3° faire vendre le mobilier, à
défaut de deniers suffisants à l'acquittement
des legs. Mais, pour prévenir les difficultés qui
pourraient surgir hors de la reddition des
comptes entre eux et l'héritier, ils doivent demander l'autorisation de celui-ci, ou à son
défaut, celle de justice ; 4° veiller à l'exécution
du testament ; les exécuteurs testamentaires
ont, à cet effet, le droit d'intervenir dans les
contestations pour soutenir la validité du testament, sans jamais cependant jouer le rôle
de partie principale. Comme détenteurs du
mobilier, ils peuvent être actionnés par les
créanciers, mais la loi ne leur donne pas
mandat de payer les dettes. Ce ne sera donc
qu'avec l'autorisation de l'héritier ou de
justice, qu'ils pourront le faire. Remarquons

qu'il sera toujours utile de demander cette autorisation, puisque les dettes doivent se payer avant les legs, afin que le payement de ceux-ci ne soit pas entravé. Toutefois, les frais funéraires et autres dépendants de leur administration pourront se solder, sans qu'il soit nécessaire de s'adresser à l'héritier; 5° enfin les exécuteurs testamentaires doivent rendre compte à la cessation de leurs fonctions. Au reste, la fin de la saisine n'entraîne pas toujours la fin de l'exécution testamentaire, qui doit se prolonger jusqu'à l'entier accomplissement du testament.

La mission de l'exécuteur testamentaire qui n'a pas la saisine doit se borner à surveiller l'exécution du testament. Ils peuvent aussi requérir l'apposition des scellés et faire dresser un inventaire, toutes les fois que les intérêts des légataires et des héritiers l'exige, comme le cas de minorité ou d'absence de ces derniers.

Le testateur peut-il dispenser l'exécuteur testamentaire saisi de faire inventaire, et de rendre ses comptes à la fin de sa gestion ? — Cette question, fort débattue entre les auteurs, doit se résoudre par une distinction. Il est évident d'abord qu'il peut dispenser l'exécuteur testamentaire de faire faire lui-même l'inventaire ; mais on ne peut ajouter que le testateur ait aussi le pouvoir de faire cette défense aux héritiers. Une telle prohibition ne peut s'admettre, si l'on réfléchit que l'exécuteur testamentaire n'est qu'un détenteur précaire, un simple administrateur de biens, dont la propriété repose sur la tête d'un autre. Or, défendre aux héritiers d'inventorier le mobilier, et dispenser cet administrateur de rendre ses comptes, ce serait mettre à sa disposition, sans contrôle aucun, une fortune mobilière dont il pourrait faire tel usage qu'il voudrait. Quant à l'argument que font valoir MM. Toullier et Duranton, *qui peut le plus peut le moins,* et à la conclusion qu'ils en tirent, qu'agir ainsi ce serait faire un legs indirect à l'exécuteur testamentaire, il ne peut recevoir ici son application, puisque la qualité de saisi, de détenteur précaire, dont il est revêtu, est incompatible avec celle de propriétaire, que ces auteurs voudraient y joindre.

POSITIONS.

I. Peut-on tester par relation à un acte non revêtu des formalités testamentaires? — Non.

II. Qui doit faire la preuve de la vérité du testament, ou du légataire universel qui est en possession, ou de l'héritier? — Le légataire universel.

III. Le testament mystique, dont l'acte de suscription est annulé, peut-il valoir comme testament olographe ? — Oui, s'il est écrit en entier, daté et signé de la main du testateur.

IV. La loi de ventôse s'applique-t-elle, quant aux qualités requises pour les témoins par l'article 9, quand il s'agit d'un testament mystique ? — Non.

V. De quelle espèce est un legs d'usufruit ? — Un legs particulier de quelque étendue qu'il soit.

VI. Le légataire universel qui ne concourt pas avec des héritiers réservataires représente-t-il le défunt ? — Non.

VII. Le légataire pur et simple est-il tenu d'acquitter les legs *ultra vires successionis* ? — Non.

VIII. Les fruits appartiennent-ils au légataire, du jour même du décès du testateur, toutes les fois que l'objet légué est un usufruit ? — Non.

IX. Dans le cas de plusieurs exécuteurs testamentaires dont les uns acceptent et les autres refusent, le refus de ceux-ci peut-il empêcher les autres d'agir collectivement ? — Non.

X. Le testateur peut-il donner la saisine des immeubles aux exécuteurs testamentaires ?

Peut-il prolonger la saisine au-delà de l'an et jour ? — Non.

XI. Peut-il défendre aux héritiers de faire inventaire, et dispenser l'exécuteur testamentaire de rendre ses comptes ? — Non.

Enregistrement.

XII. La régie a-t-elle un privilége sur le capital des valeurs héréditaires ? — Non.

XIII. Un testament entaché d'une nullité absolue est-il sujet à l'impôt ? — Non.

Vu par le Président de la thèse,
VUATRIN.

Vu par le Doyen,
C.-A. PELLAT.

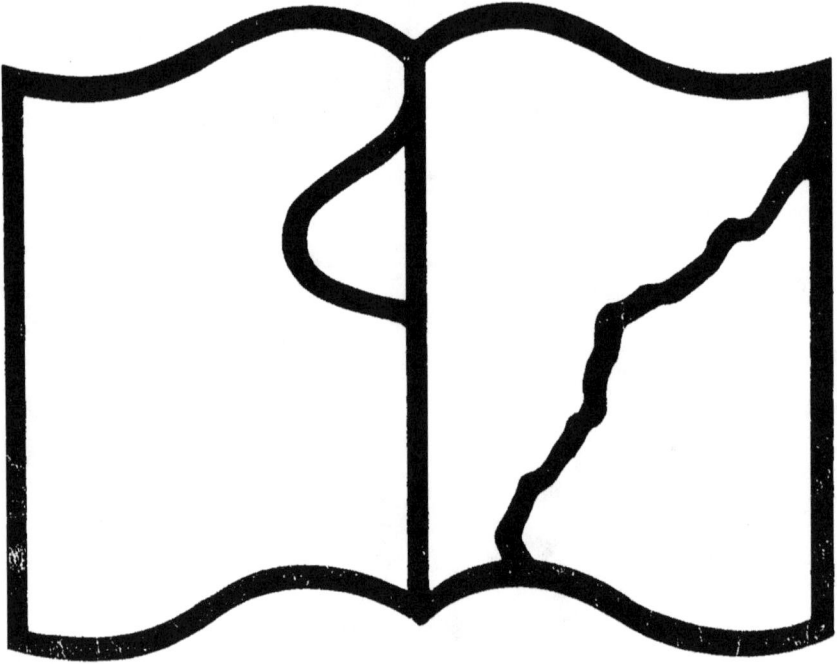

Texte détérioré — reliure défectueuse

NF Z 43-120-11

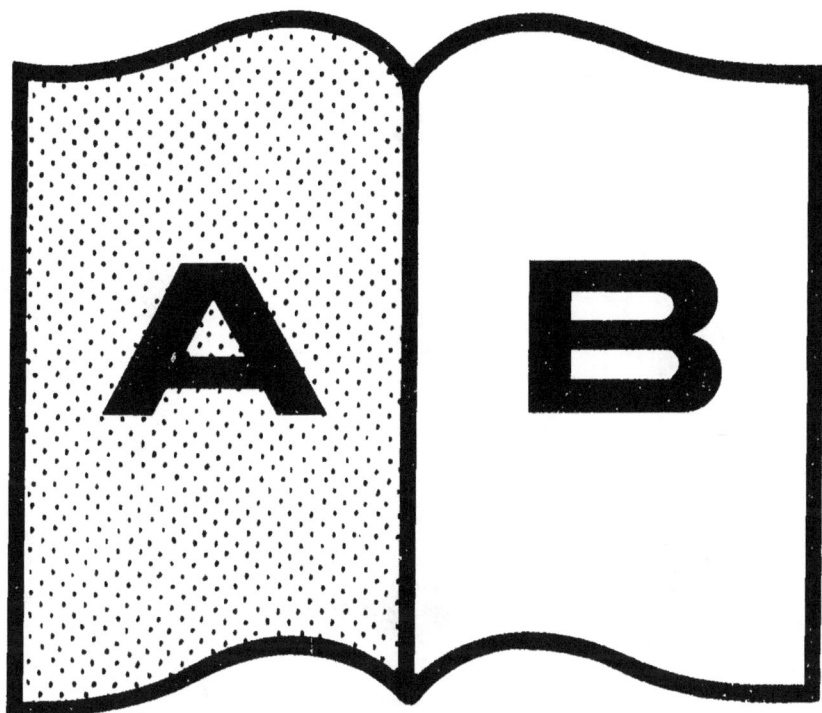

Contraste insuffisant

NF Z 43-120-14

www.ingramcontent.com/pod-product-compliance
Lightning Source LLC
Chambersburg PA
CBHW030931220326
41521CB00039B/1881